Кролик Гороскоп 2024

Alina A. Rubi/Angeline Rubi

Издается самостоятельно

Введение

Китайский календарь - древний и сложный, он никогда не был упрощен. Во многих культурах лунный календарь заменялся солнечным.

Китайский, исламский и еврейский календари управляются лунными фазами. Это сложная система, поскольку они управляются не только лунными циклами, но и включают в себя солнечный цикл, цикл Юпитера и Сатурна.

Китайцы считают, что универсальная энергия управляется балансом. Важнейшим элементом этого баланса является концепция Инь и Ян. Инь противоположна Ян и наоборот, но вместе они достигают полного равновесия. Эта энергия присутствует во всем сущем, как в материальном, так и в нематериальном.

Символ Инь/Ян разделен на две половины, одна из которых черная (Инь), а другая белая (Ян). Обе части соединены посередине эллипсом, который соединяет их вместе, образуя кривую. Их черный и белый цвета означают, что существует дуализм, и для того, чтобы существовало одно, необходимо, чтобы существовало и другое. Внутри Инь находится круг Ян, который символизирует, что тьма всегда требует света. Внутри я находится круг июнь, что говорит о том, что внутри света всегда найдется тьма.

Объединяющий их эллипс означает, что все течет, трансформируется и развивается. При дисбалансе двух энергий, Инь или Ян, наша жизнь не сбалансирована, так как вместе они усиливают друг друга. Мы никогда не должны думать, что одна энергия превосходит другую, они должны совпадать в равной степени.

К сожалению, в нашем обществе существует тенденция отдавать предпочтение энергии Ян, считая, что ее характеристики являются наиболее значимыми.

Тем самым мы создаем разделение между духовным и материальным планом, поскольку, уменьшая значение энергии Инь, мы становимся менее рефлексивными, считая, что восприимчивость — это нечто негативное, так как подразумевает хрупкость.

То же самое происходит и с темнотой, мы не только избегаем ее, но и боимся ее. Обе энергии важны. Мы можем быть духовными существами только тогда, когда существует баланс между Инь и Ян, потому что вы не только свет, но и тьма.

Ошибка заключается в том, что мы ценим и отдаем предпочтение сильному, или действию. Мы должны ценить женское начало и чувствительность, потому что только так мы можем достичь истинного равновесия нашего существа, с позиции любви и твердости.

В знаках китайского зодиака присутствуют энергии Инь и Ян, и именно они определяют характеристики каждого животного и связанные с ними стихии.

Июньская энергия связана с темным, холодным, женским началом, абстракцией, глубиной и Луной. Июньские знаки вдумчивы, чувствительны и любопытны. Это Бык, Кролик, Змея, Коза, Петух и Свинья.

Энергия Ян связана со светом, теплом, поверхностностью, Солнцем и логическим мышлением. Это импульсивные и материалистичные знаки. Это Крыса, Тигр, Дракон, Лошадь, Обезьяна и Собака.

Энергии Инь и Ян связаны со стихиями, которые, в свою очередь, будут вытекать из годов, в которых они встречаются. Каждый элемент обладает энергией Инь и Ян.

- Годы, оканчивающиеся на цифру **0,** имеют элемент Металл и связаны с энергией Ян.

-

- Годы, оканчивающиеся на цифру **1,** имеют элемент Металл и связаны с энергией Инь.

-

- Годы, оканчивающиеся на цифру **2,** **относятся к** стихии Воды и связаны с энергией Ян.

-

- Годы, оканчивающиеся на цифру **3,** относятся к стихии Воды и связаны с энергией Инь.

-

- Годы, оканчивающиеся на цифру **4,** имеют элемент Дерево и связаны с энергией Ян.

-

- Годы, оканчивающиеся на цифру **5**, имеют элемент Дерево и связаны с энергией Инь.
- Годы, оканчивающиеся на цифру **6,** имеют стихию Огня и связаны с энергией Ян.
-
- Годы, оканчивающиеся на цифру **7,** имеют стихию Огня и связаны с энергией Инь.
-
- Годы, оканчивающиеся на цифру 8, имеют элемент Земли и связаны с энергией Ян.
-
- Годы, оканчивающиеся на цифру **9,** имеют элемент Земли и связаны с энергией Инь.

Общие предсказания на год Дракона

10 февраля 2024 года начинается сенсационный Год Зеленого Деревянного Дракона, а согласно китайской астрологии, зеленый цвет символизирует жизнь, перемены и рост.

Ассоциированная планета - Юпитер, планета благоприятная; мы будем пожинать плоды, посеянные в 2023 году.

Год Дракона в 2024 году принесет нам удачу, процветание, благополучие и прогресс. У нас будет много возможностей для роста и трансформации, но также и вызовов, и сложностей, что подчеркнет необходимость прощать, сопереживать и принимать мирные решения.

В годы, когда стихией является дерево, жизнь вознаграждает людей общительных и профессиональных. Получение высшего образования или путешествие — вот некоторые из возможностей этого года.

У нас будет возможность развить свои лидерские качества, это год для новых начинаний и создания структур, которые будут действовать в долгосрочной перспективе. Этот год Дракона благоприятен для перемен и роста, поскольку энергия деревянного дракона обладает способностью вдохновлять на новаторские идеи и возвышать наше воображение.

Нам предстоит прожить несколько этапов, которые будут полны трудностей, но именно в эти моменты мы должны использовать энергию дракона, чтобы добиться успеха и преодолеть трудности.

В течение года не забывайте, что дракон олицетворяет перемены и адаптивность - характеристики, которые помогут нам расти и обновляться.

2024 год будет насыщен возможностями для развития, мы переживем множество политических, экономических, реляционных и экологических конфликтов, что подчеркнет, что мирные решения — это ответ на любую проблему.

Этот год будет стимулировать нас к новым делам и развитию предпринимательства, так как энергия Дракона, его качества смелости и амбициозности будут вдохновлять нас.

 У нас разовьется множество адаптационных способностей, а терпение и настойчивость позволят преодолеть все невзгоды и двигаться к успеху.

Этот год также благоприятен для работы над своим духовным ростом, особенно важно сохранять концентрацию на поставленных целях.

В целом, это будет год позитивных перемен и значительных достижений в нашей жизни, когда мы сможем найти любовь, укрепить отношения, добиться экономического и духовного процветания.

Происхождение китайского гороскопа

Китайский гороскоп — это традиция, насчитывающая более 5000 лет и основанная на лунных годах.

По преданию, Будда позвал всех животных, однако на его зов явились только двенадцать в следующем порядке: крыса, бык, тигр, кролик, дракон, змея, лошадь, коза, обезьяна, петух, собака и свинья.

Каждое животное получало в подарок год, образуя двенадцатилетний цикл, используемый в китайской астрологии. Таким образом, каждый знак имеет название животного, и каждому животному соответствует свой год.

Каждому животному также была присвоена одна из пяти стихий, соответствующих планетарным энергиям:

- вода (планета Меркурий)
- металл (планета Венера)
- огонь (планета Марс)
- дерево (планета Юпитер)
- Земля (планета Сатурн)

Китайский гороскоп выражает аналогию космических энергий с каждым человеком. Поэтому энергия каждого человека представлена одним из двенадцати животных, образующих эту зодиакальную систему.

Каждое животное и соответствующая ему энергия определяются датой вашего рождения. Эти энергии определяют ваше поведение и восприятие мира. Для китайцев эти знаки символизируют наиболее яркие особенности нашего характера. Чтобы правильно понять значение животных, мы должны рассматривать их как духовные символы.

Китайский гороскоп не основан на солнечном цикле, на котором базируется западный гороскоп. Он основан на циклах Луны. Каждый лунный год имеет двенадцать новолуний, а каждые двенадцать лет - тринадцатое, поэтому новый год никогда не совпадает с датой предыдущего года.

Двенадцать животных китайского гороскопа влияют на жизнь, удачу и волю всех людей.

 Эти качества не проявляются открыто в повседневной жизни, но они всегда присутствуют, действуя в виде скрытых сил.

Китайский двенадцатилетний период связан с транзитом планеты Юпитер, и каждый китайский лунный год в западной астрологии соответствует продолжительности транзита Юпитера по знаку зодиака.

В западной астрологии Юпитер всегда находится в том знаке, который традиционно соответствует животному в китайском гороскопе.

Китайский элемент года 2024, дерево

Элемент 2024 года - дерево. Дерево - творческий элемент. Если эта стихия соответствует вам по году рождения, то вам следует направить эту энергию в творческое русло.

Дерево символизирует сострадание и терпимость. Если вы хотите воспользоваться этими энергиями, важно в течение всего года окружать себя натуральными растениями, цветами и зелеными предметами.

Дерево - элемент, связанный со способностью проектировать и принимать решения, поэтому 2024 год будет годом развития, эволюции и расцвета.

Этот элемент связан с пищеварением, дыханием, сердцем и обменом веществ, и в традиционной китайской медицине он гарантирует непрерывный энергетический поток. Применительно к чувствам это означает правильное выражение наших эмоций.

В течение 2024 года дерево поможет нам обрести осознание и понимание объективной реальности. Оно принесет нам твердость и эмпатию в отношениях.

Дерево, связанное с нашей личностью, принесет нам необходимую дозу энтузиазма, решительности и динамизма, чтобы мы могли действовать и противостоять всем вызовам этого года.

Дерево - элемент, необходимый нам в этом году для принятия необходимых решений, для перемен, которые крайне важны.

Благодаря этому элементу мы будем иметь правильные стратегии, способность организовывать и сохранять контроль над всеми процессами, но при этом сохранять гибкость.

Хотя это элемент 2024 года, если у вас есть бизнес и вы хотите, чтобы он процветал и имел экономическое изобилие, вы должны учитывать и другие элементы.

В бизнесе **стихия Воды** является наиболее важной, поскольку она олицетворяет изобилие, богатство, власть, умение управлять, накапливать и сохранять свои деньги.

Вода не может застаиваться. Она не должна находиться в вазе, если воду не меняют каждый день, так как застой воды препятствует получению прибыли и отталкивает клиентов.

Чтобы деньги текли, должна течь вода. Если у вас есть бассейн, то его нужно чистить, а если есть фонтан, то он должен выполнять цикл входа и выхода из него. В аквариуме она должна двигаться и насыщаться кислородом.

В трубах она должна течь, хотя бы раз в день вы должны дать ей течь, открыв запорный кран.

В каждом бизнесе должна быть в движении стихия Воды, иначе он не будет накапливать товары и продвигаться вперед.

Даже если это всего лишь небольшой аквариум или емкость, в которой вода меняется каждый день.

Вода должна находиться у входа в бизнес или в северной или северо-западной зоне бизнеса, где хранятся деньги или осуществляется управление бизнесом.

Элемент Огня в бизнесе должен располагаться на юге помещения.

Она может находиться у входа, в конце или по бокам. Но если речь идет о пищевом бизнесе, то она может располагаться где угодно.

Огонь символизирует популярность и то изобилие, которое не накапливается, поэтому Вода должна использоваться на противоположной стороне от Огня, так как Огонь привлекает клиентуру, а Вода поддерживает экономический поток.

Элемент **Земли** является первичным, так как это основа, на которой все держится.

Два украшенных сосуда с засушенными цветами или каменный постамент могут символизировать стихию Земли. Земля должна присутствовать в конструкции, а также находиться в центре помещения или на юго-востоке, поскольку именно там она проявляет себя наилучшим образом. Земля дает безопасность, но должна сопровождаться Огнем на Юге и Водой на Севере.

Земля стабильна, поддается формовке и является отражением всей планеты.

Если вы хотите, чтобы бизнес просто выживал и заботился о земной стихии, этого достаточно.

Элемент Металл очень динамичен и активен, имеет множество возможностей в бизнесе.

 В прошлом в Китае металл считался золотом.

Элемент Металл олицетворяет силу и власть, постоянство, безопасность и богатство,

Его позиция - Запад, и не стоит забывать, что Металл усиливает любую позицию входа и выхода из бизнеса, наряду с кристаллом.

Элемент "дерево" является основой конструкции, несмотря на свою хрупкость.

Дерево следует размещать на востоке бизнеса, но желательно располагать его диаметрально по отношению к Металлу.

Металл - на западе, Дерево - на востоке, Огонь - на юге, Вода - на севере, Земля - в центре, чтобы ваш бизнес всегда был успешным.

Значение стихий в китайском гороскопе

Элемент Металл

Люди, родившиеся в годы, оканчивающиеся на 0 или 1 в китайском гороскопе, относятся к стихии металла. Металл, из которого делают щиты и мечи, - элемент, символизирующий твердость и честность, а также суровость.

Металл - элемент осени, сезона урожая и изобилия. Он двойственен, как и функции его стихии, поскольку в виде меча он ликвидирует, а в виде ложки - питает. Металл происходит из земли, в нем доминирует Огонь, и он преображает дерево.

Личность этих людей, принадлежащих к стихии металла, имеет ярко выраженную амбивалентность. Им лучше всего работается в одиночестве, поскольку они ни перед кем не отчитываются.

Они целеустремленные, творцы своей судьбы, упрямые, профессиональные, равнодушные к любым попыткам компромисса. Свобода для них превыше всего, и бесполезно пытаться давить на них, а тем более помогать им, потому что они никого не слушают и не приемлют вторжений и препятствий. Они полагаются только на себя и не позволяют никому произвести на себя впечатление, поскольку они сильны и способны совершать великие дела.

Для них не существует трудностей, которые могут их остановить, и даже если ситуация становится несостоятельной, они сопротивляются до конца. Они амбициозны и расчетливы, любят деньги, власть и успех, и не пожалеют средств для достижения своих целей, даже если это будет означать разрыв отношений.

Они предназначены для профессий, позволяющих проявить свою стихию: ювелиры, финансисты, страховщики любого рода, слесари, шахтеры, хирурги, а также для любого контекста, который позволяет им выделиться среди других. Они также могут преуспеть в профессиях, связанных с деревом или бумагой. Профессии, связанные с водой, принесут им пользу, профессии, связанные с землей, могут вызвать конфликты, а от профессий, связанных с огнем, следует держаться подальше.

Их не интересуют чувства, их не трогают трудности других людей, и они манипулируют ими, если могут получить преимущество. Страдают от этого именно люди стихии дерева, поскольку она манипулирует ими и подавляет их лобовой агрессией. Однако люди водной стихии, поскольку они восприимчивы, получают эффективный толчок, который приносит им огромную пользу. Единственные, кто действительно может их прогнуть, — это представители стихии Огня, так как они с заразительной эмоциональностью доминируют над их бесчувственностью и суровостью.

Физически представителя стихии металла можно узнать по грустному взгляду и анемичному цвету лица. Они хрупки, склонны к стрессам, на них могут влиять перепады температуры и неправильное питание. Поэтому им следует возбуждать аппетит, делая упор на острую пищу.

Наиболее благоприятное время года для них - осень, в этот период они могут максимально раскрыть свои потенциальные возможности, но это не значит, что они должны переусердствовать или упрямиться. Ему следует носить белую одежду, использовать в качестве амулетов металлы и белый кварц.

Металл - жесткий и непреклонный, не боится опасности. Это независимый тип личности, который, движимый жадностью, действует настойчиво, концентрируется на успехе, планирует, не приемлет спонтанного.

Приняв однажды выбранный путь, он уже не меняет его. Несмотря на внешнюю невосприимчивость, люди этой стихии излучают магнетизм, который воспринимается всеми, с кем они общаются. Однако, чтобы воспользоваться своими способностями, они должны научиться быть менее догматичными, так как это мешает им в отношениях.

Люди, родившиеся под знаком металла, должны воспитывать себя, чтобы уметь выражать свои эмоции. Если они этого не сделают, то почувствуют, что их энергия уменьшилась.

Элемент Земли

Люди, родившиеся в годы, оканчивающиеся на цифры 8 или 9, относятся к стихии Земли. Этой стихии соответствуют такие характеристики, как стойкость, упорство и плодовитость. Хотя в китайской астрологии Земля не имеет собственного сезона, в календаре она связана с последними двумя-тремя неделями других сезонов.

 Земля - стихия, олицетворяющая стабильность и осязаемость, но при избытке она превращает людей в осторожных, подозрительных и упрямых, ограничивая их инициативы и фантазии.

Человек стихии Земли терпелив и скромен, всегда работает с постоянством, не давая себе ни секунды на радость или расстройство. Он никогда не устает и, может быть, как жадным и материалистичным, так и наивным и благоразумным. Самая несомненная его черта - подчеркнутое уныние. Он слишком серьезен, любит планировать и руководить, ужасно боится случайностей, и, хотя он умен и обладает исключительной памятью, ему мешает выглядеть блестяще.

Ненасытно рефлексирующий, амбициозный и тревожный, он, таким образом, подвержен перезарядке селезенки - органа, связанного с этой стихией и ослабленного при резкой психике человека.

Человек, принадлежащий к этой стихии, завязывает личные отношения постепенно, но надолго. Он очень предан и защитник в любви, всегда готов заключить договор и выполнять свои обязанности, и, хотя он не демонстративен в своих эмоциях, является плечом, на которое всегда можно рассчитывать, потому что он будет рядом в те моменты, когда вам это необходимо.

В работе они серьезны и уединены, но при этом организованны и надежны. Это именно те люди, которые ведут дела с моралью, строгостью и несгибаемой честностью. Рассудительность делает их непревзойденными посредниками в решении проблем, способствуя своим практичным и удобным выходам. Они подходят для профессий, требующих сноровки, но не предполагающих инициативы и лидерства.

Хотя ее нелегко переносить из-за капризности, ностальгии и неумения быть жизнерадостной, она хорошо взаимодействует с элементом металла, которому придает стабильность, и с водой, которую ей удается сдерживать и умело управлять.
Обычно он конфликтует с элементом Дерева, который хотя и защищает его, но иногда и душит, а также с Огнем, который подгоняет его в той же мере, в какой и ослабляет.

Элемент земли связан с планетой Сатурн. Вы должны быть невероятно осторожны с потреблением сладостей - того, что вы любите, поскольку это связано с вашей стихией. Им всегда следует выбирать натуральные сладости и ограничивать употребление белого сахара, так как он разрушает кальций в костной системе. Другим слабым местом этого знака является пищеварительная система, которая обычно сильно наказывает его, поэтому ему следует придерживаться легкой и легкоусвояемой диеты. Рекомендуется стремиться к прямому контакту с Матерью-Землей, ходить босиком по песку или в поле.

Его счастливый цвет - желтый, а кварц - топаз и цитрин.

Земля олицетворяет богатство, разумность, материализм и безопасность. Эти люди склонны к интроспекции, что обусловливает их высокую способность к рассуждениям. Земля - вместилище жизни, и это накладывает неизгладимую печать на тех, кто родился под влиянием этой стихии, поскольку это стабильные люди, которым можно делегировать полномочия.

Земля питается огнем, вырабатывая огромную энергию, которая нагревает и плавит металл, подчиняет себе воду и поглощает дерево.

Чтобы чувствовать себя хорошо, человеку стихии Земли необходима материальная обеспеченность, хотя следует отметить, что они трудолюбивы, формальны и организованны. Их можно упрекнуть в претенциозности, но в силу своих достоинств они продвигаются к цели медленно, получая стабильные результаты.

Элемент огня

Люди, родившиеся в годы, оканчивающиеся на 6 или 7, соответствуют стихии огня. К этой стихии относятся страсть, смелость, лидерство. Стихия огня — это стихия летнего сезона, когда все плодоносит и достигает своего завершения. Она связана с планетой Марс, благотворной, но иногда импульсивной. Она чрезмерно стерильна и символизирует человека, который преуспевает, но при этом плохо обращается с другими. Бойкий, тщеславный, раздражительный, человек этой стихии переходит от гнева к безудержной радости.

С детства он обладает лидерскими качествами, в его жизни присутствует честолюбие, он любит опасности, смех, энтузиазм, конфликты. Трудности, вместо того чтобы обескуражить, побуждают его к действию, и в этих случаях с ним происходят бурные метаморфозы.

Эти люди рождены побеждать, но не умеют этого признать, потому что не умеют наблюдать за собой и использовать свою энергию. Они великолепны в военной сфере, в спорте, в качестве начальников, так как другие гибнут перед их харизмой. Они умеют использовать энергию стихии дерева, ставя ее гений себе на службу, и вызывают у людей стихии земли жизненную смелость двигаться вперед.
Люди водной стихии склонны гасить свою страсть, а люди металлической стихии подвергают ее испытанию жесткостью, истощающей их энергетическое поле.

Наиболее легко повреждаемым органом у этих людей является сердце, возможна тахикардия. Кроме того, они могут страдать от проблем с ушами и кишечником. Им следует носить одежду ярких цветов, среди которых преобладает красный, и использовать в качестве амулетов кварц, например гранат или гематит. Также следует использовать благовония и свечи.

Эти харизматичные, энергичные и беспринципные люди хорошо общаются и нацелены на действие. Их эгоизм и стремление к успеху не поддаются исчислению, и они полагаются только на собственное мнение. Они склонны пренебрегать деталями, иногда проявляют упрямство и берутся за достижение целей, требующих напряженной работы.

Люди, рожденные под влиянием стихии огня, позитивны, всегда отдают все силы и с любовью и желанием берутся за любое дело. Их энергия служит для поддержания окружающих, которым ее не хватает.

Огонь обогревает жилище, с его помощью мы готовим пищу. Этот элемент питает землю через пепел, он питается сухим деревом, то есть древесиной, его тепло доминирует над металлом, то есть делает его гибким, а доминировать над ним может только вода.

Лидер всегда обладает избытком стихии огня и склонен к быстрому принятию решений. Его привлекают нестандартные идеи, он не боится опасности и всегда находится в движении. Ему важно научиться эмоциональному интеллекту, поскольку высокомерие может усилить его эгоизм и сделать неуправляемым, особенно когда он сталкивается с препятствиями. Этот само разрушительный стиль ярко выражен в юности.

Успех сопутствует людям огненной стихии, но им следует быть слишком осторожными с нестабильностью и беспокойством, которые являются наиболее типичными недостатками рожденных под огнем. Лучше овладеть этими недостатками, чтобы не оказаться в их рабстве. Им следует искать тихое место, где они могут быть спокойны, а медитация также принесет им равновесие.

Люди стихии огня упорны и прибыльны.

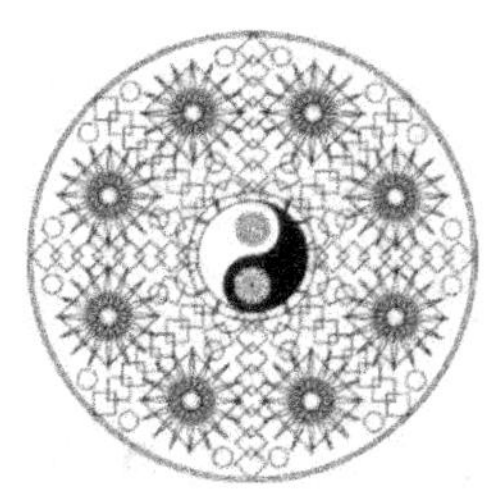

Элемент Дерево

Люди, родившиеся в годы, оканчивающиеся на цифры 4 или 5, относятся к стихии дерева. Дерево — это элемент, символизирующий гармонию, красоту и творчество. Они обладают чрезвычайно высокой степенью уверенности в себе и железной волей, что делает их подходящими людьми для борьбы за правое дело.

Дерево связано с планетой Юпитер, это самая благотворная из стихий, символ постоянства и знания. Приспосабливаемое, оно удобно гнется и имеет множество применений, характеризуя общительных, дающих и честных людей.

Люди стихии дерева творческие и жизнелюбивые, но иногда они разбросаны и не могут найти свой путь и реализовать свои цели. Они доверяют другим до невинности и любят общаться со всеми подряд, постоянно открывая для себя что-то новое и удовлетворяя себя. Их привлекает природа и дети, они отдают предпочтение семье.

Иногда они склонны к неоправданным ожиданиям, имеют привычку принижать свое тело, чрезмерно налегать на еду, увлекаться страстью и чувственностью.

Они привыкли выбирать себе в партнеры представителей водной стихии, от которых черпают смелость и поддержку, и представителей огненной стихии, которых они выгодно снабжают своими блестящими идеями.

Он не очень хорошо уживается с металлическим элементом, который безжалостно его разрушает.

Элемент Дерево узнаваем по зеленоватому цвету. Этим людям следует беречь глаза.

Дерево используется для строительства убежищ, поэтому оно защищает нас. Дерево совпадает с творческими способностями воды, и благодаря этому качеству они понимают и помогают другим.

Рожденные под стихией дерева испытывают внутренние противоречия, заставляющие их подчиняться правилам и традициям, где постоянно действует суровое осуждение. Эта стихия питает воду и в то же время является топливом для огня. Ее энергию всасывает земля и подчиняет себе металл.

Люди стихии дерева всегда добиваются больших успехов и обладают желанной структурой. Их призвания многогранны. Они придают огромное значение честности, стремятся найти постоянное место в жизни. Вера в успех и аналитические способности дают им возможность без колебаний решать самые сложные задачи. Обладая невероятной силой убеждения, они работают во многих сферах, поскольку всегда нацелены на развитие и преобразование.

Природная воля помогает им двигаться вперед, они всегда находят поддержку и необходимый капитал, поскольку другие люди рассчитывают на их способность превращать идеи в богатство.

Его главное препятствие - доводить дело до крайности. Гнев и сдерживаемый гнев отрицательно влияют на энергии этого элемента. Нахождение вблизи деревьев и прикосновение к ним уравновешивает стихию дерева. На работе люди, принадлежащие к стихии дерева, отличаются организованностью, умом и находчивостью. В коммерческой деятельности они более плодотворны, когда работа носит командный характер и хорошо структурирована.

Ни одна сфера деятельности, связанная с их стихией, не является неблагоприятной, но та, что связана с огнем, может повлиять на них, а та, что связана с металлом, погубит их.

Элемент воды

Самый нечувствительный и генетический элемент, аффинный к зиме, долголетию и планете Меркурий, является управителем общения и глубоких привязанностей.

Человек водной стихии чувствителен, но герметичен. Он милосерден, сентиментален, раним, не терпит критики и поэтому предпочитает действовать скрытно, чтобы защитить себя. Он сердечен, красноречив и в то же время благоразумен, умеет преодолевать неудачи без показухи, с помощью хитрости, проницательности и настойчивости. Таким образом, он достигает своих целей косвенно и молча, производя впечатление внимательного и понимающего человека.

Недостаток энергии - проблема для водного элемента, если он не научится уравновешивать свою беспомощность силой, которая приходит от размышлений и общения с самыми глубокими частями своего существа. Паника всегда является путеводной нитью его драматической жизни, часто прожитой в темноте из-за страха проявить себя и вступить в борьбу.

На профессиональном уровне их сдерживает конкуренция, однако они хорошо работают в чистых и защищенных местах, таких как школы, книжные магазины, редакции или любые места, где общение, устное или письменное, является основным механизмом, и в компании мирных коллег, соответствующих их личности, таких как, например, человек стихии дерева, с которым совпадает стремление к мудрости, или металла, от которого они получают решение. И наоборот, он не приспосабливается ни к представителям стихии огня, которых он гасит и отталкивает, ни к людям, принадлежащим к стихии земли, с которыми он чувствует себя ограниченным, обусловленным и затрудненным.

Черный цвет благоприятствует им, но использовать его следует умеренно, поскольку он, как правило, отпугивает их. То же самое происходит с темными кварцами, привлекающими удачу, такими как струя, оникс, турмалин. Чтобы наилучшим образом использовать свои качества, не впадая в крайности и не распыляясь, человеку водной стихии следует начинать свои планы зимой.

В позитивные периоды любовных отношений представители этой стихии проявляют нежность, уравновешенность и осторожность - потенциалы, позволяющие им вести себя с необходимой проницательностью, чтобы устранять причины конфликтов, когда они возникают.

Они обладают невероятной способностью к рассуждениям, хотя их замкнутый, глубокий и пасмурный характер приводит к тому, что они склонны к меланхолии. Им также свойственны неуверенность в себе и дерзость. Творчество - одна из основных характеристик этой стихии, а также адаптация, мягкость, милосердие и сочувствие. Без воды на земле не было бы живых существ, эта стихия чиста и кристальна, какими качествами обладают те, кто принадлежит к этой стихии.

Люди, принадлежащие к этой стихии, приветливы и прекрасно владеют собой. Они обладают оригинальной интуицией, которая позволяет им быстро завоевывать. Выносливость и ясность мышления дают им возможность предсказывать события.

Они могут воспринимать способности других людей, эффективно их использовать, но при этом они сдержанны и не позволяют окружающим заметить, что они их используют.

Злоупотребления натрием или алкалоидами, а также жизненные прототипы, отклоняющиеся от общепринятых структур, очень вредны для людей, рожденных под стихией воды. Соблюдение режима сна, спокойное психическое и эмоциональное состояние, контакт с водой восстанавливают их гармонию и оптимизируют энергетику.

Люди, принадлежащие к знаку водной стихии, могут иметь профессии, связанные с деревом и огнем, и быть успешными, иметь работу, связанную с их собственной стихией, и отказываться от карьеры, функций и работы, связанных с землей, так как земля подчиняет себе воду.

Совместимость и несовместимость

Они совместимы:

Крыса - Дракон - Обезьяна.

Они общаются друг с другом через свои личности, которые постоянно активны и дружелюбны. Все трое старательны, нетерпеливы, полны энтузиазма, неугомонны и всегда стремятся к высоким целям. Они полны идей, обладают выдержкой и смелостью, необходимыми для их реализации, и всегда рождают новаторские, неожиданные, удивительные и мощные решения.

Тигр - Лошадь - Собака.

Их объединяет удовлетворение, которое они испытывают при взаимодействии. Их объединяет скромность, достоинство, честность и упрямый альтруизм. Проницательные, проницательные и коммуникабельные, но немного жестокие и строгие, они энергично борются с неравенством, насилием и беззаконием. Эти три знака никогда не продают свою совесть.

Бык - Змея - Петух.

Эти три знака объединяет формальность, разумность и серьезность, которой они добиваются в своей жизни. Энергичные, предприимчивые и неутомимые, негибкие в своих решениях, они любят все переосмыслить и спокойно спланировать, прежде чем брать на себя обязательства, о которых потом придется пожалеть.

Их недостаток - холодность, поскольку для них разум должен преобладать над эмоциями.

Кролик - Коза - Свинья.

Три эмоциональных знака, которых объединяет творческий потенциал. Инстинктивные, восприимчивые, чувствительные и замкнутые, они легко приспосабливаются к среде обитания и, будучи хорошими добытчиками, не прочь зависеть от других. Их ежедневные аффирмации всегда содержат в себе слова: совершенство, союз, соответствие.

Примечание: Противоположные знаки - противоположные враги:

Крыса - Лошадь

Бык - Коза

Тигр - Обезьяна

Кролик - Петух

Дракон - собака

Змея - Свинья.

Кролик

Характеристики

Кролики склонны беспокоиться о других и чрезвычайно мало о себе. Проблемы других людей вызывают у них беспокойство, поэтому они стараются помочь, когда это возможно. Они очень добры и отзывчивы.

Когда они слышат новости о глобальных проблемах, у них возникает желание послать деньги или создать движение, чтобы изменить мир, но они никогда не действуют.

Существует вероятность того, что в их печали есть скрытые мотивы, которыми они захотят поделиться со всеми, кто готов их выслушать.

Если они образованны, то могут быть прекрасными ораторами или заниматься работой, связанной с такими качествами, как дипломатия или политика. Их могут тронуть чувства других людей, а прочитав книгу, они могут глубоко проникнуться ее героями. По этой причине они особенно хороши в качестве советчиков, а их друзья восхищаются их нежностью.

Они склонны идеализировать окружающих и думать, что получат то же, что и отдадут, поэтому могут испытывать разочарования и неожиданные разрывы.

Кроликам следует задуматься о том, что некоторые отношения не вечны, принять недостатки других как неизбежность, ведь никто не совершенен.

Хотя они стремятся быть счастливыми и жить в мире, их неустанные поиски этих достоинств могут быть сорваны из-за их склонности уходить от реальности. Тем не менее, они, как никто другой, умеют преодолевать конфликты, поскольку привыкли терпеть разочарования и неудачи.

Кролики креативны и дотошны. Их проницательный ум и умение вести переговоры гарантируют продвижение по службе на любой работе. Несмотря на свою покорность, Кролики обладают необыкновенной уверенностью в себе.

Он добивается поставленных целей благодаря своей целеустремленности, и, хотя иногда может показаться, что он немного медлит, это объясняется его осторожностью.

В то время как все стремятся дойти до конца дороги, Кролик думает, что завтра все будет продолжаться по-прежнему. Одним словом, Кролик знает, как жить, и готов дать жить другим.

Мысленно они не забудут ни одной детали, ни ваших ошибок, ни ваших успехов. Но если то, что им дорого, не так сложно и не так однозначно, они оставят это в прошлом.

Это свойство делает его любимым и популярным. Не ждите, что Кролик выйдет и будет бороться за Вас — это слишком многого от него требует. Он может одолжить вам денег, но не более того. А если вы окажетесь слишком назойливым, можете не сомневаться, что он будет искать способ элегантно исчезнуть из вашей жизни.

Кролик, который не развился, будет излишне мнителен, гиперчувствительная или холоден. Он не любит разделять страдания, безопасность станет его навязчивой идеей, и он будет избегать опасных ситуаций. Он будет уходить от конфликтов, изображая бесчувственность или страх. Предпочтение в жизни будет отдаваться пропитанию, и он не будет верить, что другие могут о нем позаботиться.

В целом Кролики легко выходят из кризисных ситуаций, и, хотя они хрупки, в нужный момент проявляется их стойкость. Они очень покладисты, и поэтому им нравится многое из того, что для других остается незамеченным. Кролики совместимы с Козами, с которыми их объединяет любовь к ощутимому благополучию.

У него также будут хорошие отношения с Собакой или Свиньей. Но он не поддержит ни тщеславия, ни порицания Петуха, его не испугает Тигр, которого он будет избегать так же, как и Лошадь.

Кролик

Кролик водной стихии

Водяной Кролик приятен и дружелюбен, он легко приспосабливается к различным обстоятельствам, однако из-за своей хрупкой психики и ценностей легко поддается чужому влиянию.

Они очень со зависимы от людей, которым доверяют, и часто испытывают депрессию при потере подчиненности. Они должны научиться быть независимыми, чтобы чувствовать себя по-настоящему защищенными.

Водяные Кролики склонны к вредным привычкам, поэтому им рекомендуется не тратить деньги на ненужные светские приемы, а приберечь их на трудные времена.

Этот Кролик отличается от других тем, что он проницателен и умеет прислушиваться к мнению окружающих.

В карьере он преуспевает потому, что разум, расторопность и тщательность заложены в его ДНК. Однако ему нужно быть более уверенным в себе, тогда он добьется большего.

Это очень нежный Кролик, и, естественно, романтичный. Он не любит, когда его притесняют или домогаются, не поддерживает споров, в которых мнения нелицеприятны.

 На него очень легко оказывать давление извне, поскольку он эмоционально переживает чужие страдания.

Элемент дерева - кролик

Деревянные кролики - тонкие, хитрые, умеющие строить мелкие планы. Внешне они кажутся смелыми, но в глубине души очень хитры и часто ссорятся с друзьями из-за пустяков.

Они склонны к резким сменам темперамента. Тем не менее, они преданы любви. Тьма страданий надолго задержится в их сердцах, если им не удастся быть с тем, кого они обожают.

Деревянные Кролики склонны к материализму в жизни и придают большое значение беспристрастному разделению всего. Они могли бы иметь более сбалансированную домашнюю жизнь и более сносную работу, если бы проявляли больше уважения к другим.

Деревянный Кролик ненавидит одиночество и бездействие. Он обожает светские рауты и устраивать буйные вечеринки. Он верный спутник, но никогда не претендует на то, чтобы делиться с кем-то своими секретами. У него более яркий характер, чем у других Кроликов, хотя иногда он отказывается прислушиваться к советам, боясь попасть в ловушку.

Деревянный Кролик легко приспосабливается к любым обстоятельствам, легко входит в коллектив, поскольку очень дипломатичен, и медленно поднимается в своей профессиональной сфере. Они склонны избегать принятия решений, которые могут кого-то обидеть или создать угрожающий прецедент. Эта неспособность действовать точно и занимать определенное место может разрушить популярность Деревянного Кролика. Ему следует быть более уверенным в себе и уметь защитить себя от тех, кто хочет воспользоваться его величием.

Кролик стихии огня

Огненный Кролик обладает проницательным и толерантным умом с уникальными идеями. Они работают торжественно и рождены быть лидерами.

Они не только знают, как учитывать и использовать людей, но и умеют задействовать различные способности и объединить их, чтобы стать экспертами в жизни.

Огненному Кролику не следует паниковать в период непредвиденных трудностей, например безденежья. Хороший советчик и проницательный, он завязывает отношения с любым честным человеком. Он не обманывает своих друзей, и круг его общения достаточно ограничен.

Самодисциплина и восприятие дают возможность безошибочно распоряжаться собственным фокусом. По этим причинам его инстинкт самосохранения, страх, отнимает возможность проявить свои способности. В жизни этого Кролика могут быть большие преимущества, если его будут опекать друзья, которые в нужный момент побудят его к смелым действиям.

Этот Кролик крут, весел и забавен. У него более напряженный характер, чем у других Кроликов, но он умеет маскировать свои страхи с помощью изящества и хитрости. Это спокойный человек. Стихия Огня толкает этого Кролика на восторженные речи, в основном, когда он чем-то не гордится.

Он более склонен к лидерству, чем другие Кролики, но его методы ограничены. Как и другие Кролики, он избегает прямого столкновения с противниками и выбирает тонко продуманные козни.

Огненный Кролик обладает хорошей интуицией и интеллектуальными способностями. Он быстро замечает любые нарушения в окружающей среде, спокойно переносит ненависть и горе.

Кролик стихии Земли

Земляной Кролик очень искренен, однако в действии он создает у окружающих впечатление прямолинейности, поэтому ему следует стараться быть немного осторожнее.

Они очень строги к себе, расчетливы в карьере, поэтому постоянно переходят с одного места работы на другое. Они много работают и уделяют внимание деталям, готовы делать что-то незначительное, но быстро устают.

Земляные кролики обладают прекрасной физической жизнеспособностью, но их внешний вид не отличается здоровьем.

Земляной Кролик - упорный, трудолюбивый, с хорошо отточенным чувством предсказания выдающегося будущего. Его сила, талант и точность делают его хорошим партнером в любом деле, особенно связанном с финансами. Преувеличенная бережливость уменьшает возможности Земного Кролика для самореализации.

Это глубоко серьезный Кролик, его цели определены, и он очень расчетлив во всех своих действиях. Он осторожен в выражении своих эмоций, уравновешен и тонок. У него объективное видение всего, что его окружает, характеристики, которые являются первостепенными, особенно для людей, стоящих выше него.

Элемент Земли делает Кролика стабильным и менее потакающим своим желаниям, хотя это постоянство носит пассивный характер. Земляной Кролик замкнут и склонен уходить в себя, как только сталкивается с проблемой. Он старается поддерживать гармоничный ритм со своим внутренним миром, и именно при этом условии он может уверенно действовать во внешнем мире. У него никогда не возникает сомнений в том, как использовать имеющиеся у него ресурсы для осознанного разрешения конфликтов.

Земляной Кролик практичен, он постоянно заботится о своем благополучии, иногда нечувствителен к чужим трудностям, если они не совпадают с его собственными планами. Несмотря на это, он скромен, осознает свои слабости и старается с ними мириться.

Металлический элемент Кролик

Металлические Кролики добры, умеренны и не любят конкуренции. Они не любят дружить с соперниками и беспокойными людьми, стремящимися к сиюминутной выгоде. Они смелы и полны энтузиазма, поэтому у них много друзей из всех профессий, а с теми, кто упрям, они никогда не дружат. Металлический Кролик тих и умен. Он знает, чего хочет от жизни и как будет действовать, но для других это полная загадка. Свои секреты и цели он держит при себе, потому что подозрителен. В круг его взаимоотношений входят только честные люди, которые не покорятся ему своей энергией. Поскольку он осторожен и предусмотрителен, ему удается подниматься до высоких социальных позиций, всегда окружая себя престижными людьми.

Эти Кролики очень жизнелюбивы и обладают крепкой психикой, однако Металлический Кролик зависим от своих способностей к размышлению и расчету. Он всегда уверен в том, что у него есть правильные ответы и что он принимает верные решения. Он терпеливо берет на себя обязательства, а в своей профессии проявляет несомненную креативность.

Влияние Металла делает Кролика чрезмерно озабоченным собственными стремлениями и идеями. Этот Кролик более тонко чувствующий, чем другие, и амбициозный. Его амбиции подчинены расчетливому мышлению. Металлический Кролик увлечен роскошной жизнью и равнодушен к мнению окружающих.

Прогнозы 2024

Кролик

В год Дракона у Кроликов будет развито необыкновенное чувство творчества. Они будут склонны к раскрытию своих художественных талантов и получат возможности для профессионального роста.

Работа станет для Кроликов местом пристанища, а тех, кто имеет работу, ждет успех, так как они смогут получить повышение зарплаты или перейти на более высокую должность.

Те, кто не имеет работы, смогут получить ту работу, о которой всегда мечтали. Важно не увлекаться нетерпением. Это идеальное время для того, чтобы сосредоточиться на своей физической форме и душевном состоянии, направить энергию на созидательную деятельность.

Кролики обладают острым чувством управления финансами. Год Дракона принесет вам много возможностей для финансового процветания.

Это будет переменчивый год, тем, у кого есть партнер, следует быть осторожными с изменами. Важно не увлекаться друзьями, некоторые могут дать вам плохой совет.

Тем, у кого нет партнера, следует быть осторожными в поисках, поскольку год принесет много возможностей, которые могут оказаться ловушкой, способной заставить их страдать. Ваша харизматическая личность будет магнитом для любых отношений.

 Если вы уже состоите в романтических отношениях, будьте готовы к тому, что они станут еще лучше, чем были в последние годы. Уделяйте внимание своему партнеру, чтобы повысить интимность ваших сексуальных отношений.

Тигры могут столкнуться с конфликтами при взаимодействии с другими людьми. В случае спора, если он имеет законную и обоснованную причину, вы одержите победу. Если Дракон поддержит вас, вы сможете одержать убедительную победу.

Следует обратить внимание на пищеварительную систему, более разнообразно питаться. Ваше тело — это ваш священный храм. Нет смысла заботиться обо всех остальных аспектах жизни, если тело остается без внимания.

В этом году вам может не хватать кого-то, кто ушел из вашей жизни. Жизнь такова, она дает вам хорошие вещи, которыми вы должны наслаждаться сейчас, и забирает их, когда вы меньше всего этого ожидаете.

Вы должны продолжать создавать прекрасные воспоминания, воспоминания, которые заставляют вас чувствовать, в конце концов, это все, что мы заберем с собой.

В некоторые месяцы года вы будете залечивать раны, которые считали закрытыми.

Семейная обстановка будет приятной, вы сможете купить дом или снять жилье.

В конце года работа станет более напряженной. Это означает, что вам придется больше работать и чаще взаимодействовать с другими людьми.

Коллеги могут казаться более назойливыми, чем обычно. Однако старайтесь сохранять спокойствие при общении с ними.

Сочетание знаков Зодиака с китайским гороскопом

Если объединить восточные и западные гороскопы, то поразительно, насколько они связаны и точны.

Китайский и западный гороскопы являются наиболее используемыми гороскопами. Если у вас есть возможность глубоко разобраться в них, то это облегчит вам их использование и централизованный подход.

Оба гороскопа основаны на положении звезд, но в китайском гороскопе используется 28 созвездий, а в западном - 88. Китайский гороскоп основан на 12 животных, которые управляют каждым годом, а западный - на 12 знаках, которые управляют каждым месяцем.

Китайский гороскоп основан на лунном календаре и является самым древним из известных на сегодняшний день гороскопов. Ваш знак зодиака совпадает с вашим знаком в китайском гороскопе, но это случается нечасто. Если бы это было так, то предсказания были бы более точными.

Между знаками обоих гороскопов существует эквивалентность:

Овен/Дракон

Телец/Серпент

Близнецы/Лошадь

Рак/Коза

Лев / Обезьяна

Дева/Петух

Весы / Собака

Скорпион / Свинья

Стрелец / Крыса

Козерог/Овен

Водолей / Тигр

Рыбы / Кролик

Комбинации

Кролик

Овен/Кролик

Из этого сочетания рождается постоянно активная личность, полная энергии и не боящаяся рисковать. Его привлекает опасность, он может добиваться своих целей без помощи и одобрения окружающих.

Никогда не думайте игнорировать их, потому что, хотя они и очаровательны, они несгибаемы.

Телец/Кролик

Такое сочетание дает спокойного человека, который превыше всего ценит свой комфорт. Он никогда не вмешивается в то, что его не касается, считает, что каждый сам хозяин своей жизни и своих проблем.

Они дипломатичны по натуре и терпимы к чужим недостаткам. В их жизни нет места нелепым проблемам и поверхностным заботам. Излишне проницательны, чтобы тратить свою энергию на пустяки. Союз Тельца и Кролика — это пропорциональная смесь честности и сочувствия.

Близнецы/Кролик

Этих людей замечают в любой обстановке, поскольку у них хороший вкус, поэтому они всегда производят впечатление. Они любят, когда ими восхищаются, и, хотя они задумчивы, не терпят скуки. Кролик помогает беспокойной части Близнецов избегать ускоренных действий. Сочетание этих знаков характерно для людей с нестандартным темпераментом. Они хорошо общаются и верны друг другу.

Рак/кролик

Из этой смеси рождается мудрый человек. Однако он нестабилен, упрям и материалистичен. Он считает себя всегда правым и думает, что все должны его уважать. Для таких людей самая простая неудача — это несчастье, так как он привык обманываться. Но это не значит, что он не ценит себя, он умеет мужественно и стойко выходить из таких ситуаций.

Лев/Кролик

Удача благоволит этому типу людей. Честность Кролика скрепляет гордость Льва, поэтому такая смесь дает сдержанных и образованных людей. Они очень корректны, внимательны, обладают хорошими манерами, не любят суеты и жесткой обстановки.

Они креативны, никогда не скучают, даже если находятся в одиночестве, и всегда вовлечены в новые проекты. Где бы вы их ни встретили, они отличаются харизмой и магнетической аурой.

Дева /Кролик
Это смесь, которая дает людям, у которых неопределенность вызывает сильные состояния тревоги. Союз ласкового Кролика и Девы удачен, так как в нем из ряда вон выходящая гармония и равновесие.

Люди с таким сочетанием ведут размеренный образ жизни, по возможности избегая конфликтов. Они стабильны и всегда довольны тем, что имеют. Они наслаждаются простыми вещами в жизни, потому что быть перфекционистом для них - занятие весьма сомнительное.

Весы /Кролик

Перед этим привлекательным сочетанием трудно устоять. Их вежливый нрав и манера общения заставят влюбиться любого.

Они не злопамятны и не боятся посмеяться над собой. Дипломатичность Весов в союзе с уравновешенностью Кролика придает этим людям еще большую тонкость. Они не ввязываются в споры, а если это и происходит, то всегда находят выход из затруднительного положения.

 Для них эмоциональное здоровье стоит на первом месте, а все остальное - вторично.

Скорпион/Кролик

Это очень искреннее сочетание, которое, как правило, всегда приятно. Однако в то же время оно и трудное. Они обладают интенсивной энергией, которая притягивает и завораживает. Они всегда действуют осторожно, проявляя уникальные способности. Эти люди невероятно удачливы, все их дела всегда заканчиваются успехом, что часто вызывает зависть окружающих.

Стрелец/Кролик

Этот человек - прекрасный коммуникатор и внимательный слушатель. Всегда вежливы, в любой ситуации мыслят только позитивно. Они любят путешествовать, а их жизнь полна интересных историй.

Качества Кролика смягчают независимый характер Стрельца. Эффект от союза этих двух знаков превосходный, более того, считается, что это самая известная и триумфальная комбинация из двенадцати слияний.

Козерог / Кролик

Из этого сочетания рождается спокойная и уравновешенная личность. Упрямство и серьезность Козерога прекрасно сочетаются с деликатностью и неуверенностью Кролика. В результате получается человек, отличающийся независимым характером.

Он романтичен, но только с семьей и друзьями. Союз Козерога и Кролика оправдывает его талант и способность к адаптации в любых обстоятельствах.

Водолей/Кролик

Из этого сочетания рождается непредсказуемая личность, которая не боится выглядеть эксцентрично. Любитель свободы, этот человек считает, что не так уж важно придерживаться общепринятых правил.

Они обладают прекрасным характером, жизнерадостны и оптимистичны. Это сочетание обладает природным духом авантюризма, и вы никогда не увидите их грустными или унылыми.

Рыбы/Кролик

Из этой комбинации выходят самые мягкие люди. Хотя внешне они невинны, это лишь часть их способности быть вежливыми, а не отражение их души. Эти люди интуитивны и проницательны, но в то же время проницательны, так что никто не сможет воспользоваться ими.

В результате такого союза получаются манипуляторы, умеющие работать со слабостями.

Оформление дома в соответствии с требованиями фэн-шуй

Фэн-шу — это китайская философия, изучающая окружающую среду, основанная на теории июнь и я и пяти стихий.

Специалисты показали, что в древнем Китае регулярно выбирали участки на территориях, окруженных горами и имеющих реку. Это происходило не только потому, что такие территории обеспечивали главные критерии выживания, но и для того, чтобы соответствовать закономерностям, установленным Фэн-шуй.

Основная идея фэн-шуй - достижение равновесия между человеком и Вселенной. Если есть хорошие энергии, то есть и баланс, поскольку Фэн-Шуй влияет на судьбу каждого человека.

Изучая фэн-шуй, человек может работать над своей совместимостью с природой, окружающей средой и своей жизнью, чтобы достичь большего процветания и здоровья в жизни.

Теория пяти элементов

Теория пяти элементов является одной из составляющих Фэн-Шуй. Эти элементы играют важную роль в определении правильного Фэн-Шуй в каждом помещении. Этими элементами являются Огонь, Земля, Металл, Вода и Дерево, и каждый из них имеет свою специфику, символизирующую определенные аспекты жизни.

Пять элементов — это выражение, используемое в фэн-шуй для объяснения структуры природы. Эти элементы действуют совместно и должны быть всегда сбалансированы.

Фэн-шуй для двенадцати знаков китайского гороскопа

Знак Крысы

Вода благоприятствует людям, родившимся под знаком Крысы, она помогает им обрести благополучие. Чтобы добиться изобилия, им следует поставить аквариум с золотыми рыбками в северной части офиса.

Знак Бык

Люди этого знака достигнут процветания, если будут использовать стихию Огня. Для этого им следует разместить фарфоровые или керамические изделия на своих предприятиях или в офисах, а также в своих домах.

Знак Тигра

Стихия земли — это то, что следует использовать людям, принадлежащим к знаку Тигра. Им следует добавить что-то соответствующее, символизирующее стихию земли. Горшечное растение или естественно растущий цветок могут принести в их жизнь процветание.

Знак Кролика

Для удачи и привлечения изобилия людям знака Кролика необходим тайный элемент земли в их жизни. Для этого следует спрятать нефрит или цитрусовый кварц в северо-восточной части дома или офиса.

Знак дракона

Северо-Запад отлично подходит для тех, кто родился под знаком Дракона. В этом направлении им следует поставить чашу с чистой водой, смешанной с небольшим количеством земли. Другой вариант - поместить в чашу цветок лотоса.

Знак Змеи

Процветание придет в жизнь людей, принадлежащих к знаку Змеи, если они будут использовать в своем доме или офисе металлические предметы, в частности золото и серебро.

Знак Лошади

Северо-запад - рекомендуемое положение для людей знака Лошади, чтобы получить большой капитал. Им следует поместить металлическую лягушку на северо-западе своего дома или предприятия.

Знак Козы

Север - соответствующая кардинальная точка для людей, родившихся под знаком Козы. Им следует поместить небольшую деревянную шкатулку или другой деревянный предмет на севере своего офиса или дома.

Если используется деревянная коробка, то в нее нужно положить предмет, связанный с их профессией. Например, писатель может положить в коробку карандаш.

Знак обезьяны

Для того чтобы в жизнь людей, родившихся под знаком Обезьяны, пришло благополучие, им следует поставить растение своего размера или больше в этой кардинальной точке на западной стороне дома или предприятия.

Знак петуха

Удача придет в жизнь тех, кто принадлежит к знаку Петуха, если они положат несколько семян в стакан, бутылку или чашу темно-красного цвета. При этом не следует использовать металл.

Знак "Собака

Людям, принадлежащим к знаку Собаки, следует отказаться от элементов Воды и Земли в своей жизни. Они могут поставить в своем офисе или доме поленья или ветки растений, но нельзя ставить их в Воду или Землю.

Знак Свиньи

Людям, родившимся под знаком Свиньи, для привлечения удачи необходим элемент Огня в их жизни. Они могут поставить в своем доме керамический поднос или другие предметы из глины.

В этот год Дракона следует носить браслеты или браслеты из жемчуга.

Амулет с фигуркой Дракона или куранты с кристаллами "Фэн-шуй удачи" следует поместить на юго-востоке дома или в семейной зоне спальни, кабинета.

Не забудьте украсить свой дом зелеными растениями, натуральными цветами разнообразных расцветок, фотографиями, картинами или изображениями, характеризующими пейзажи и сады.

Также следует использовать деревянные украшения и не размещать фотографии умерших членов семьи рядом с текущими семейными фотографиями, так как вибрации этих фотографий несут боль и отнимают у вас энергию.

Китайский Новый год имеет множество традиций, связанных с прощанием со старым и началом нового. Одна из традиций, которую мы рекомендуем соблюдать, - не готовить на домашней кухне в первый день китайского Нового года по лунному календарю, так как доставать острые инструменты, например ножи, привлекает дурную примету. Это может лишить удачи на весь оставшийся год.

Первые 15 дней китайцы празднуют Новый год, и, хотя иногда на это действительно не хватает времени, желательно подготовиться заранее.

Если вы успеете подготовиться заранее, это поможет вам привлечь благополучие. В этом году за два дня до наступления китайского Нового года, т. е. в четверг, 8 февраля 2024 г., начните делать глубокую уборку в своем доме. Не забывайте, что уборка в первый день

Нового года считается плохой приметой, так как вы выметете всю свою удачу за порог.

В ночь перед китайским Новым годом, в пятницу, 9 февраля 2024 года, спланируйте и запишите все свои цели на год, если вы не сделали этого 1 января.

Запишите абсолютно все свои желания после Новолуния в пятницу 02.09.2024 в 5:58 вечера по восточному времени. Какие цели Вы хотите достичь в своей профессиональной деятельности, в сфере финансов, в любовной и семейной жизни? Напишите список для каждой сферы вашей жизни, которую вы хотите улучшить.

Если у вас есть возможность приобрести деревянный сундучок, то это будет идеальным вариантом, так как в него можно положить список желаний вместе с пиритовым кварцем и цитрином, известными как камни, привлекающие процветание и изобилие. В сундучок следует положить три китайские монеты, поскольку они являются традиционными символами изобилия.

Все, что вы положите в этот сундучок, будет защищать ваши желания и усиливать энергию процветания. Хранить сундучок следует в специальном безопасном месте, лучше всего на возвышенности, так как в этом случае вы сможете привлекать положительные энергии, находясь на видном месте.

Не забудьте надеть новую одежду, потому что она символизирует новые энергии, которые вы хотите привлечь в свою жизнь. Вам следует надеть какие-нибудь детали красного цвета.

В частности, в Новый год постарайтесь не расстраиваться, по возможности возьмите выходной, чтобы не волноваться из-за пробок и забот. Не забудьте зайти на рынок и купить пакет апельсинов, так как это символизирует приход благополучия в ваш дом в новом году.

Советы на 2024 год

Этот год благоприятен для личностного роста, поэтому следует использовать открывающиеся возможности и не только развивать свои навыки, но и осваивать новые.

Все, что вы делаете в 2024 году, — это инвестиции в ваше будущее. Это будет очень напряженный год, но его энергия обнадеживает, потому что год Дракона даст вам возможность добиться успеха. Однако для того, чтобы получить выгоду, необходимо изучить все имеющиеся варианты и проанализировать все возможности.

Вы должны быть внимательны и готовы выслушать все советы и помощь. При наличии силы воли и инициативы перед вами откроются новые двери.

В этот год Дракона предстоит многому научиться, но если вы примете вызов, то сможете не только продвинуться в своей профессии и увеличить доход, но и приобрести ценный опыт.

В год Дракона вы не только получите большую финансовую выгоду, но и, благодаря своей предприимчивости, найдете хобби, которое принесет вам благополучие.

Однако необходимо соблюдать дисциплину в расходовании средств и тщательно составлять бюджет, особенно если вы участвуете в исключительно крупных сделках.

Если в течение года вам придется подписывать контракты или заключать важные соглашения, необходимо проверить условия и все последствия.

Чтобы добиться наилучших результатов, необходимо вести сбалансированный образ жизни, заниматься спортом, соблюдать режим сна и правильно питаться. Вам будет полезно завести новых друзей.

В год Дракона жизнь может вести себя загадочно и притягивать удачные события, которые откроют перед вами множество возможностей. Шанс играет ключевую роль в вашей жизни в этом году, трансформируя ваше экономическое положение. После мая будет наблюдаться повышенная социальная активность, и Вы сможете получить массу удовольствия.

Это будет плодотворный год, в котором нужно будет принимать решения, совершать покупки и получать удовольствие.

Те, у кого есть партнер, обнаруживают, что, объединившись, они достигают большего успеха.

Это год, когда способность воспринимать возможности принесет много пользы, Год Дракона обладает огромным потенциалом, поэтому будьте открыты для возможностей и готовы к переменам и адаптации. Год Дракона вознаградит предпринимателей.

Ритуал **энергетического очищения**

Вечером того же дня, перед началом года, следует сделать уборку в доме, открыть все окна для проветривания и расставить белые и желтые цветы во всех местах общего пользования. В частности, у входа в дом следует разместить благовония корицы, сандала, эвкалипта или лаванды, либо благовония Пало Санто, Белого Шалфея или Ванили.

Необходимо хорошо окурить дом. Окуривание — это действие по созданию дыма, с помощью благовоний, для ароматизации окружающей среды и использования его в качестве инструмента очищения и уборки. Его особенность заключается в том, что они источают приятный аромат, которому приписывают расслабляющие свойства. Многие люди используют благовония для изменения энергетических вибраций своего дома.

Если у вас есть благовония, которые вы собираетесь передавать по всему дому, не забывайте делать круговые движения вправо. Если вы намерены очистить личный участок, то начинать следует с собственного тела, начиная с ног и заканчивая головой, а затем возвращаться к сердцу, делая при этом легкие круговые движения.

Поскольку это год Кролика, желательно иметь в доме пару металлических или деревянных кроликов, а если есть возможность, то и стеклянных, так как они олицетворяют стихию года - воду.

Если у Вас нет такой возможности, то Вы можете символизировать его с помощью изображений, портретов или фигурок. Считайте, что это счастливый талисман, ведь в итоге кролик стремится к процветанию. Он принесет в ваш дом большое богатство.

Еще одна рекомендация на 2024 год - перекрасить некоторые стены своего дома в небесно-голубой цвет. Этот цвет является одним из цветов процветания в новом году. Будьте осторожны с перегруженностью дома синим цветом, не забывайте, что главное — это баланс. Если вы переборщите с синим цветом, то привлечете в свой дом уныние или апатию.

Альтернатива или вариант - носить его с собой в виде браслета, висящих сережек, маятника, спящего, на кольце, связке ключей или талисманом в кармане или сумочке. Если у вас есть и кролик, и вода, то это сформирует ассоциацию богатства, крова и удачи в вашей жизни, доме или офисе. Всегда помните, что всему сопутствуют постоянство и усилия.

Если у вас есть возможность приобрести такие растения, как базилик, который обладает большой способностью генерировать изобилие, а также способностью уходить и транс мутировать плохие вибрации, вы не пожалеете. Еще одним хорошим вариантом будет жасмин - ваш дом всегда будет благоухать и наполняться хорошими вибрациями. Свежий жасмин должен быть в вашем доме всегда, когда у вас есть такая возможность, но самое главное, чтобы в первый день китайского года он был в любом уголке вашего дома.

Ритуалы начала китайского Нового года 2024

Китайский Новый год следует встречать с радостью, музыкой и великолепной семейной трапезой. Это время празднования и сосредоточения на удаче и процветании в наступающем году.

Вы должны надеть новую одежду, потому что это символизирует новое начало.

Для этого дня хорошо подходит резонансный цвет, например красный, который символизирует гармонию, удачу и благополучие.

В ожидании Нового года избегайте носить белое или черное, так как именно эти цвета обычно надевают на похороны.

Проведение очищения для подготовки к китайскому Новому году в виде ритуала полезно.

Такая уборка призвана отогнать злых духов,
которые могут прятаться в углах дома.

Обычно люди меняют мебель или
переставляют ее, подкрашивают краску в
доме, ремонтируют поврежденные участки,
моют окна большим количеством воды.

Ритуалы энергетического очищения

Вечером того же дня, перед началом нового года, следует сделать уборку в доме, открыть все окна для проветривания, расставить белые и красные цветы во всех местах общего пользования.

Конкретно у входа следует разместить благовония корицы, сандала, эвкалипта, лаванды или сжечь лавровый лист. Лавр - растение, способное защищать, очищать и исцелять.

Еще один способ привлечения положительных энергий в дом - сочетание корицы с лавровыми листьями. Сожгите лавровые листья и посыпьте их порошком корицы.

Когда эта смесь будет зажжена, разнесите дым по всем комнатам дома.

Необходимо хорошо окурить дом. Сахара — это действие по созданию дыма, с помощью благовоний, для ароматизации окружающей среды, а также для использования его в качестве инструмента очищения и взыскания.

Их особенность заключается в том, что они издают приятный аромат, который, как утверждается, обладает расслабляющими свойствами.

Многие люди используют благовония для изменения энергетических вибраций своего дома.

Если у вас есть благовоние, которое вы собираетесь передавать по дому, не забывайте делать круговые движения вправо.

Если вы намерены очистить личный участок, то начинать следует с собственного тела, начиная с ног и заканчивая головой, а затем возвращаться к сердцу, делая все время легкие круги.

Поскольку это год Зеленого Деревянного Дракона, желательно иметь в своем доме пару деревянных драконов. Если у вас нет такой возможности, можно символизировать его изображениями, портретами или фигурками.

Еще одна рекомендация для 2024 года - покрасить некоторые стены своего дома в зеленый цвет.

Этот цвет символизирует процветание в текущем году. Не перенасыщайте свой дом зеленым цветом, помните о необходимости соблюдать баланс. Если вы переборщите с зеленым цветом, то привлечете в свою жизнь стресс.

Альтернатива или вариант - носить его с собой, в виде браслета, серег-подвески, маятника, шпалы, на кольце, брелоке или талисмане в кармане или сумочке, это сформирует ассоциацию богатства, укрытия и удачи в вашей жизни, доме или офисе.

Если вы сможете приобрести некоторые растения, такие как лаванда, рута или денежное растение, которые обладают способностью генерировать изобилие, а также способностью уходить и транс мутировать плохие вибрации, то вы не пожалеете об этом.

Поскольку вода - элемент, дополняющий дерево, фонтан у входа в дом будет привлекать благополучие. Не забывайте, что вода должна течь внутрь.

 Размещение фонтана в зоне богатства вашего дома, расположенной с левой стороны, сзади, если смотреть от входной двери, принесет вам много материальных выгод.

Наряду с зеленым, красный цвет является счастливым для 2024 года, его следует использовать в своем доме, чтобы активизировать энергию удачи. Вы можете носить красный цвет на одежде или с каким-либо другим предметом, например шарфом, шапкой или браслетом, чтобы привлечь деньги.

Китайский Новый год следует встречать с радостью, музыкой и великолепной семейной трапезой. Это время для празднования и сосредоточения на удаче и процветании в наступающем году. Следует надеть новую одежду, так как она символизирует новое начало.

Для этого дня хорошо подходит резонансный цвет, например красный, который символизирует гармонию, удачу и благополучие.

В ожидании Нового года избегайте носить белое или черное, так как именно эти цвета обычно надевают на похороны.

Проведение уборки для подготовки к китайскому Новому году в виде ритуала является полезным. Такая уборка призвана отогнать злых духов, которые могут прятаться в углах дома.

Обычно люди меняют мебель или переставляют ее, подкрашивают краску в доме, ремонтируют поврежденные участки, моют окна большим количеством воды.

Об авторе

Помимо астрологических знаний, Алина Руби обладает богатым профессиональным образованием, имеет сертификаты по психологии, гипнозу, Рейки, биоэнергетическому целительству кристаллами, ангельскому целительству, толкованию снов, является духовным инструктором. Она владеет знаниями в области геммологи, с помощью которых программирует камни или минералы и превращает их в мощные амулеты или талисманы защиты.

Руби обладает практичным и целеустремленным характером, что позволило ей иметь особое, интегрирующее видение нескольких миров, способствующее решению конкретных проблем. Алина пишет ежемесячные гороскопы для сайта Американской ассоциации астрологов; их можно прочитать на сайте www.astrologers.com. В настоящее время она ведет еженедельную колонку в газете El Nuevo Herald на духовные темы, которая выходит каждую пятницу в цифровом виде и по понедельникам в печатном. Также ведет программу и еженедельный Гороскоп на YouTube-канале этой газеты. Ее астрологический ежегодник ежегодно публикуется в газете "Diario las Américas" под рубрикой Rubi Astrologa.

Руби является автором ряда статей по астрологии для ежемесячного издания "Today's Astrologer", ведет занятия по астрологии, Таро, чтению ладоней, исцелению кристаллами, эзотерике. Ведет еженедельные видеосюжеты на астрологические темы на YouTube-канале "Нового Вестника". Ведет собственную астрологическую программу на телеканале Flamingo T.V., дает интервью нескольким теле- и радиопрограммам, ежегодно публикует "Астрологический ежегодник" с гороскопом по знакам и другими интересными мистическими темами.

Она является автором книг "Рис и бобы для души", часть I, II и III, сборника эзотерических статей, изданных на английском и испанском языках, "Деньги для всех карманов", "Любовь для всех сердец", "Здоровье для всех тел", "Астрологический ежегодник 2021", "Гороскоп 2022", "Ритуалы и заклинания для успеха в 2022 году "Заклинания и секреты", "Астрологические классы", "Ритуалы и чары 2024" и "Китайский гороскоп 2024" - все на семи языках.

У нее есть свой канал на YouTube с темами по психологии, эзотерике и астрологии, где можно посмотреть видео о родственных душах, реинкарнации, языке тела, астральных путешествиях, сглазе, заклинаниях и многом другом.

Руби прекрасно владеет английским и испанским языками, сочетая в своих выступлениях все свои таланты и знания. В настоящее время она проживает в Майами, штат Флорида.

Более подробную информацию можно получить на сайте www.esoterismomagia.com.

Ангелина А. Руби - дочь Алины Руби. С детства интересовалась всеми эзотерическими предметами, с четырех лет занималась астрологией и каббалой. Владеет Таро, Рейки и геммологи ей. Она является не только автором, но и редактором всех книг, изданных ею и ее матерью.

За дополнительной информацией обращайтесь к ней по электронной почте: rubiediciones29@gmail.com.